Liebe Kinder,

in diesem Arbeitsheft findet ihr Anregungen und Arbeitsaufträge, um das Nachschlagen im **Wörterbuch für die Grundschule – Schlag auf, schau nach!** zu üben.

Ihr werdet erfahren, dass euch das Wörterbuch wertvolle Hilfe leisten kann beim Überprüfen eurer Rechtschreibung, beim Einüben von Regeln zum richtigen Schreiben, beim Unterscheiden von Wortarten und nicht zuletzt werdet ihr immer geübter im raschen Nachschlagen von Wörtern.

In diesem Arbeitsheft wird hauptsächlich mit dem aufbauenden Wörterverzeichnis des Wörterbuchs gearbeitet.

Ihr findet Übungen für:

- Das Ordnen von Buchstaben und Wörtern nach dem Abc
- Das Unterscheiden zwischen Namenwörtern, Tunwörtern und Wiewörtern
- Das Erkennen von Grundform, Personalform und Zeitform bei Tunwörtern
- Zusammengesetzte Namenwörter
- Das Bilden von Vergleichsformen bei Wiewörtern
- Das Aufstellen von Wortfamilien

Ihr könnt selbstständig in diesem Heft arbeiten. Die Symbole bei den Arbeitsanweisungen sagen euch, was ihr tun sollt.

Schreibe ins Arbeitsheft.

Arbeite mit einem Partnerkind.

Schreibe in dein Schreibheft.

Die Aufgabe kannst du zusätzlich bearbeiten.

Schlage im Wörterbuch nach.

180 | 18

| 99 10

Die Zahl in dem Kästchen gibt die Seite an, die du im Wörterbuch aufschlagen sollst. Der dicke Strich am Kästchenrand bedeutet, dass du das Wort in der rechten oder in der linken Spalte findest. Die Zahl neben dem Kästchen sagt dir, welches Wort aus dieser Spalte du nehmen musst. Zähle immer nur die **fett gedruckten** Wörter.

Worterklärungen

Namenwort – Nomen, z. B. Hund
Tunwort – Verb, z. B. gehen
Wiewort – Adjektiv, z. B. groß
Begleiter – Artikel, z. B. der

Einzahl – Singular, z. B. Hund
Mehrzahl – Plural, z. B. Hunde

Grundform – Infinitiv, z. B. gehen

Gegenwart – Präsens, z. B. ich gehe
Geschriebene Vergangenheit – Präteritum, z. B. ich ging
Gesprochene Vergangenheit – Perfekt, z. B. ich bin gegangen

Zusammengesetztes Namenwort – Kompositum, z. B. Milchglas

Damit euch das Arbeiten Freude macht, begleiten die schlaue Laura und der clevere Lorenz euch bei den Aufgaben.

Auf den letzten Seiten des Arbeitshefts findet ihr die Lösungen zu den Aufgaben, damit ihr euer Arbeitsergebnis selbstständig überprüfen könnt.

Viel Freude bei der Arbeit und guten Erfolg wünschen euch

euer Autor und eure Autorin

Edmund Wetter und Ute Wetter

Inhaltsverzeichnis

1. Verbinde die Buchstaben der Reihe nach. Beginne bei A-B-C.
2. Wie heißt das Märchen?
Schreibe über die Zahlen den entsprechenden Buchstaben aus dem Alphabet.

__	__	__	__	__	__	__	__	__	__	__	__	__	__
19	3	8	14	5	5	23	9	20	20	3	8	5	14

Abc-Detektiv

1. Trage die angegebenen Wörter ein.

Beispiel: 114 | 3

Die Zahl im Kästchen gibt die Seite 114 an.
Der dicke Strich am Kästchenrand bedeutet linke oder rechte Spalte.
Die Zahl hinter dem Kästchen sagt dir, welches Wort du nehmen sollst.
Hier sollst du also das dritte **fett gedruckte** Wort aus der rechten Spalte schreiben.

- 114 | 3 Blitz
- | 118 5
- 121 | 10
- | 131 13
- 137 | 13
- 142 | 12
- 151 | 2
- 155 | 8
- | 157 5
- | 170 2
- | 180 15
- 182 | 10
- | 191 19
- 211 | 8
- 224 | 9
- 230 | 16
- 234 | 2
- 242 | 6
- 247 | 5
- | 248 2
- | 251 20

2. Einige Anfangsbuchstaben aus dem Abc kommen nicht vor.
Unterstreiche bei jedem Wort den Anfangsbuchstaben.
Trage die fehlenden Buchstaben nach der Reihenfolge im Alphabet in die Kästchen ein.

3. Wie heißt das Lösungswort?
Ordne die Buchstaben zu einem Wort.

Anfangsbuchstaben finden

1. Schlage im gelben Teil des Wörterbuchs nach und schreibe die richtigen Buchstaben in die Lücken.
Notiere die Seitenzahlen.
Schlage abwechselnd mit einem Partnerkind im Wörterbuch nach.

D oder T?	D ach	119	___ ag		___ ulpe		___ ame	
B oder P?	___ erle		___ esen		___ lastik		___ luse	
G oder K?	___ röte		___ rube		___ lingel		___ las	
Ä oder E?	___ rbse		___ rmel		___ quator		___ ngel	
F oder V?	___ olk		___ erien		___ lasche		___ ater	
V oder W?	___ ase		___ espe		___ ürfel		___ entil	
C oder K?	___ owboy		___ akao		___ omputer		___ alb	

2. Ordne die Wörter von Aufgabe 1 nach ihrem Anfangsbuchstaben.

Ä:

B:

C:

D: Dach

E:

F:

G:

K:

P:

T:

V:

W:

Wörter nach dem Abc ordnen

Merke

Ist der erste Buchstabe bei zwei Wörtern gleich, ordne nach dem zweiten Buchstaben.

1. Suche im Wörterbuch zu jedem Wortanfang das erste und das letzte Wort. Schreibe es hinter die Wortanfänge – aber nimm nur die **fett gedruckten** Wörter.

	erstes Wort	letztes Wort
LA	Labor	Lawine
LE		
LI		
LO		
LU		

2. Achte nun auch bei den Wörtern mit dem Anfangsbuchstaben K auf den zweiten Buchstaben.
Suche im Wörterbuch zu jedem Wortanfang das erste und das letzte Wort. Schreibe es hinter die Wortanfänge. Nimm aber nur die **fett gedruckten** Wörter.

	erstes Wort	letztes Wort
KA	Kabel	Kauz
KE		
KI		
KL		
KN		
KO		
KR		
KU		

Der dritte Buchstabe im Wort

Merke

Sind die ersten beiden Buchstaben gleich,
ordne nach dem dritten Buchstaben.

1. Ordne die Wortanfänge nach dem Abc und trage sie unten in die Kästchen ein.

SPI ~~SPA~~ SPU SPR SPE SPO

2. Suche im Wörterbuch zu jedem Wortanfang das erste und das letzte Wort und schreibe es auf.

	erstes Wort	letztes Wort
SPA	Spachtel	spazieren

STO STR ~~STA~~ STI STU STE

	erstes Wort	letztes Wort
STA	Staat	staunen

Wörter nach dem Abc ordnen

1. Ordne die Wörter nach dem Abc. Überprüfe die Reihenfolge im Wörterbuch. Achte nur auf die **fett gedruckten** Wörter. Schreibe die Seitenzahlen auf. Überprüfe mit einem Partnerkind die Ergebnisse.

Wort	Reihenfolge	Seite	Wort	Reihenfolge	Seite
beraten	das Benzin	110	der Bogen		
das Benzin	beobachten		die Bohne		
bequem	bequem		der Bock		
beobachten	beraten		der Boden		

Wort	Reihenfolge	Seite	Wort	Reihenfolge	Seite
der Duft			die Fee		
sich ducken			fehlen		
dumm			fegen		
dulden			die Feder		

Wort	Reihenfolge	Seite	Wort	Reihenfolge	Seite
das Gift			die Gurke		
der Gipfel			gurgeln		
gigantisch			der Gurt		
gießen			die Gunst		

Wort	Reihenfolge	Seite	Wort	Reihenfolge	Seite
das Heu			die Kirche		
der Herzog			das Kino		
hetzen			kippen		
Hessen			der Kiosk		

2. Ordne auch diese Wörter nach dem Abc. Schau im Wörterbuch nach. Bei jeder Folge steht ein Wort nicht im Wörterbuch. Unterstreiche es.
- lenken, der Lemming, die Lerche, der Leopard
- das Nikotin, nirgends, das Nilpferd, nippen, der Nil
- der Januar, der Jammer, der Jaspis, Japan, die Jalousie

Der vierte Buchstabe im Wort

Merke

Sind die ersten drei Buchstaben gleich, ordne nach dem vierten Buchstaben.

1. Ordne diese Wörter nach dem Abc. Überprüfe die Reihenfolge im Wörterbuch. Schreibe die Seitenzahl auf.

beide		die Wange	
der Beifahrer		wann	
beichten		wandern	
beieinander		wanken	

sammeln		die Taste	
der Samt		die Tasse	
der Samen		tasten	
der Samstag		die Tasche	

2. Ordne die Wortanfänge nach dem Abc und trage sie unten in die Kästchen ein. Prüfe im Wörterbuch die Reihenfolge.

SCHL SCHU SCHE ~~SCHA~~ SCHO SCHI

3. Suche zu jedem Wortanfang das erste und das letzte Wort im gelben Teil des Wörterbuchs und schreibe es auf.

	erstes Wort	letztes Wort
SCHA	die Schabe	das Schauspiel

Wörter selbst ordnen

1. Hier sind die Wörter nicht richtig geordnet.
Schreibe die Wörter richtig geordnet auf.
Achte auf den vierten Buchstaben und unterstreiche ihn.
Überprüfe die Reihenfolge im Wörterbuch. Achte nur auf die **fett gedruckten** Wörter. Schreibe die Seitenzahl auf.
Überprüfe mit einem Partnerkind die Ergebnisse.

insbesondere	der Insasse	153
die Inschrift	insbesondere	
das Insekt	die Inschrift	
der Insasse	das Insekt	

der Prinz		
der Priester		
prima		
prickeln		

der Reigen		
die Reise		
der Reim		
die Reihe		

das Seil		
die Seide		
sein		
die Seife		

der Stahl		
der Stall		
die Staffel		
der Stamm		

die Taufe		
tauchen		
tauen		
die Taube		

der Trubel		
die Trümmer		
die Truhe		
trügen		

der Zuruf		
zurzeit		
zürnen		
zurecht		

2. Ordne auch diese Wörter nach dem Abc. Kontrolliere die Reihenfolge im Wörterbuch. Bei jeder Folge steht ein Wort nicht im Wörterbuch. Unterstreiche es.
- helfen, hell, Helga, der Held, der Helm
- hinlegen, hinsetzen, hinnehmen, hinken, hinten
- heute, die Heuschrecke, der Heuhaufen, heulen, heucheln

Bild und Wort

1. Schreibe zu jedem Bild das passende Wort. Schau im Wörterbuch auf der angegebenen Seite nach, ob du richtig geschrieben hast. Der dicke Strich am Kästchenrand bedeutet rechte oder linke Spalte.

203

202

208

207

203

209

206

205

2. Ordne die Wörter von Aufgabe 1 nach dem Abc.

3. Suche zu den Wörtern unten verwandte Wörter. Schau im Wörterbuch nach. Schreibe nicht nur Namenwörter, sondern auch Tunwörter und Wiewörter.

Beispiel: **die Sicht**
sichten
die Sichtweise
sichtbar

feiern **das Klima** **schwer**

Wörter alphabetisch einordnen

1. Welches der vier Wörter gehört jeweils zwischen die vorgegebenen Wörter?
Überprüfe mit einem Partnerkind die Ergebnisse.
Die Seitenzahlen helfen dir dabei.

116 Bruder, ~~Brot~~, Büffel, Buche

Brösel	Brot	Bruch
Brücke	______	Brühe
Buch	______	Buchstabe
Bude	______	Bügel

166 Lampion, Laptop, Laich, Lametta

Laib	______	Laie
Lama	______	Lamm
Lampe	______	Land
Lappen	______	Lärche

171 Mandel, Mars, Marmelade, Majestät

Mais	______	Makel
Mandarine	______	Manege
Markt	______	Marmor
Marone	______	Marsch

183 Orchester, Opfer, Osten, Orgel

Operette	______	Optik
Orang-Utan	______	Orchidee
Organisation	______	Orient
Oslo	______	Ostern

2. Arbeite wie bei Aufgabe 1.

184 185 Party, Patient, Papagei, Palast

Paket	______	Palme
Papa	______	Papier
Partner	______	Pass
Pater	______	Patrone

223 224 Terror, Tölpel, Tod, Tischler

Terrine	______	Test
Tisch	______	Titel
Tochter	______	Tofu
Tollwut	______	Tomate

Personalformen

Merke

Tunwörter verändern sich:
Du willst das Wort **spielt** schreiben und schaust im Wörterbuch nach. Dort findest du es nicht unter den **fett gedruckten** Wörtern. Deshalb musst du die Grundform **spielen** suchen.

1. Wie heißen die Tunwörter? Schreibe die Grundform und die Personalform auf.

spielen ________ 214

Er spielt ________ mit dem Ball.

________ 169

Sie ________ im Liegestuhl.

________ 207

Sie ________ ins Heft.

________ 115

Die Kerze ________ hell.

________ 243

Das Kind ________ laut.

________ 140

Sie ________ mit der Gehhilfe.

2. Schreibe das Tunwort **rennen** in den verschiedenen Personalformen.

ich renne ________

du ________

er/sie/es ________

wir ________

ihr ________

sie ________

3. Schreibe die sechs Tunwörter von Aufgabe 1 in den verschiedenen Personalformen. Aufgabe 2 zeigt dir, wie du schreiben sollst.

Schwierige Personalformen

1. Schau im Wörterbuch nach und schreibe zu der Grundform die verschiedenen Personalformen. Schreibe jeweils die Seitenzahl dazu.
Überprüfe mit einem Partnerkind die Ergebnisse.

lesen 168	fahren	rufen
ich lese	du	du
du liest	er	er
geben	raten	reiten
du	du	du
er	er	er
treten	laufen	sprechen
du	du	du
er	er	er
werfen	braten	helfen
du	du	du
er	er	er

2. Schreibe zu der Grundform von **sein** die verschiedenen Personalformen.
Schau im Wörterbuch nach.

ich	wir
du	ihr
er/sie/es	sie sind

3. Schreibe auch die Personalformen zu den Grundformen **haben** und **werden**.

Tunwörter zeigen die Zeit an

Merke

Tunwörter haben verschiedene Zeitformen.

1. Schau im Wörterbuch auf den angegebenen Seiten nach.
Dort findest du die fehlenden Formen der Tunwörter.

Grundform	Gegenwart 3. Person Einzahl	Geschriebene Vergangenheit 3. Person Einzahl	Gesprochene Vergangenheit 3. Person Einzahl
brechen	bricht	brach 115	ist gebrochen
bringen	bringt	116	
115	brennt	brannte	
sprechen	215	sprach	
trinken	trinkt	226	
lesen	168	las	
167	läuft		ist gelaufen
hängen	148	hing	
226	tritt	trat	

2. Ordne die Personalformen der Tunwörter der jeweiligen Grundform zu.
Nimm verschiedene Farbstifte und male die zusammengehörenden Wörter in der gleichen Farbe an. Schreibe die zusammengehörenden Wörter auf.
Schreibe so: essen – isst …

essen · half · springen · gesprungen
hilft · werfen · springt · warf · isst · geholfen
geworfen · wirft · sprang · geht · aß
helfen · gegangen · gehen · gegessen · ging

Tunwörter in verschiedenen Zeitformen

Merke

Es gibt Tunwörter, bei denen die Zeitformen regelmäßig sind, z. B. rechnen, er rechnet, er rechnete, er hat gerechnet.

1. Schlage die Wörter im Wörterbuch nach. Trage die Seitenzahl in die Kästchen ein. Ergänze in der Liste die verschiedenen Zeitformen.

Grundform		Gegenwart	Geschriebene Vergangenheit	Gesprochene Vergangenheit
turnen	227	sie turnt	sie turnte	sie hat geturnt
weinen				
winken				
sagen				
sparen				
glauben				

Merke

Es gibt Tunwörter, bei denen die Zeitformen unregelmäßig sind, z. B. werfen, er wirft, er warf, er hat geworfen.

2. Schlage die Wörter im Wörterbuch nach. Trage die Seitenzahlen in die Kästchen ein. Ergänze in der Liste die verschiedenen Zeitformen.

Grundform		Gegenwart	Geschriebene Vergangenheit	Gesprochene Vergangenheit
halten	147	er hält	er hielt	er hat gehalten
geben				
laufen				
essen				
sitzen				
singen				

Merke

Wiewörter haben Steigerungsformen.

Die Bäume sind unterschiedlich groß.
Die Birke ist **groß**.
Die Kastanie ist **größer**.
Die Kiefer ist am **größten**. 146

1. Schreibe zu den Grundformen **hoch** und **dick** die Steigerungsformen und trage die Seitenzahl ein.

Die Bäume sind unterschiedlich hoch. ☐

Die Birke ist hoch ______.

Die Kastanie ist ______.

Die Kiefer ist ______.

Die Baumstämme sind unterschiedlich dick. ☐

Der Baumstamm der Birke ist ______.

Der Baumstamm der Kiefer ist ______.

Der Baumstamm der Kastanie ist ______.

2. Suche zu den Steigerungsformen der Wiewörter die Grundform im Wörterbuch und trage die Seitenzahl ein. Ergänze die Tabelle.

Grundform	Seite	Vergleichsform	Höchststufe
groß	146	größer	am größten
			am kleinsten
		länger	
			am kürzesten
			am dicksten

Namenwörter zusammensetzen

1. Schau im Wörterbuch nach und schreibe bei den angegebenen Seitenzahlen die Namenwörter auf.
Die Zahl im Rechteck gibt die Seite an.
Der dicke Strich am Rand des Rechtecks bedeutet rechte oder linke Spalte. Die Zahl neben dem Kästchen sagt dir, welches Wort aus dieser Spalte du nehmen sollst. Zähle immer nur die **fett gedruckten** Wörter.

199	15	Saft
174	11	______
151	21	______
113	2	______
210	15	______
222	18	______
243	1	______
242	2	______

2. Setze jedes Wort aus Aufgabe 1 mit dem Wort **Glas** zusammen.
Schreibe hier die zusammengesetzten Namenwörter.

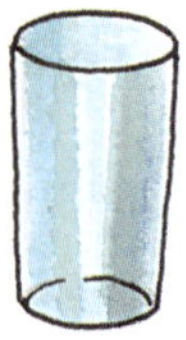

Saftglas

Merke

Unter den **fett gedruckten** Wörtern findest du viele zusammengesetzte Namenwörter.

3. Suche das vorgegebene Wort und schreibe das zusammengesetzte Namenwort auf, das unter diesem **fett gedruckten** Wort steht.

Wort	Seite	
Ameise	98	Ameisenhaufen
Backe	106	
Birne	113	
Drachen	122	
Fladen	135	
Geist	141	
Hemd	149	
Kachel	156	

Namenwörter zusammensetzen

Merke

Im Wörterbuch findet man nicht alle zusammengesetzten Namenwörter.
Zusammengesetzte Namenwörter musst du zuerst zerlegen und dann die einzelnen Wörter im Wörterbuch nachschauen.

1. Du willst **Glockenblume** und **Schlüsselblume** schreiben, aber beide Wörter findest du nicht als Stichwort im Wörterbuch.

Schau nach bei

Glocke 144

Blume 114

Schlüssel 204

G ____________________ S ____________________

2. Suche das zweite Wort auf der angegebenen Seite und setze die Wörter zusammen. Zähle nur die **fett gedruckten** Wörter.

Regen / Grund	Wasser	242	2	Regenwasser / Grundwasser
Vogel / Kinder		218	11	
Farbe / Fisch		122	3	
Baby / Kartoffel		115	12	

Zwei Namenwörter zusammensetzen

Merke

Zwei Namenwörter kannst du zu einem Wort zusammensetzen.

1. Schreibe das passende zusammengesetzte Namenwort auf die Linie.
Unterstreiche das Wort, das an der zweiten Stelle steht, rot.
Unterstreiche das Wort, das an der ersten Stelle steht, grün.

Ein Haus, das aus Stein gebaut ist,

ist ein Steinhaus.

Ein Haus, das aus Holz gebaut ist,

ist ein ______________________.

Ein Haus, das im Garten steht,

ist ein ______________________.

Kinder bauen sich gern ein kleines Haus im Baum.

Das ist ein ______________________.

Ein Haus, in dem Vögel nisten können,

ist ein ______________________.

Ein Haus, das im Wasser auf Pfählen steht,

ist ein ______________________.

2. Folgende Wörter sollen als erstes Wort in dem zusammengesetzten Wort stehen:
Fuß, Bahn, Schuh, Blume, Baum, Land.
Suche im Wörterbuch zu jedem dieser Wörter mindestens zwei zusammengesetzte Namenwörter.
Schreibe so: Fuß + Ball → Fußball, Fuß + Boden → Fußboden.

Zwei Namenwörter zusammensetzen

Merke

Der Begleiter bei einem zusammengesetzten Wort ist der gleiche wie beim zweiten Wort.

Beispiel:

Hier steht das Wort **Wasser** in dem zusammengesetzten Wort einmal an der ersten Stelle und einmal an der zweiten Stelle.

erstes Wort	der Regen	das Wasser
zweites Wort	das Wasser	der Tropfen
zusammengesetztes Wort	das Regenwasser	der Wassertropfen

1. Schreibe vor das Wort **Wasser** ein weiteres Wort. Du findest es im Wörterbuch auf den angegebenen Seiten. Schreibe das zusammengesetzte Wort mit Begleiter auf.

erstes Wort	zweites Wort	zusammengesetztes Namenwort mit Begleiter
116 23 ______	Wasser	______
136 1 ______	Wasser	______
199 9 ______	Wasser	______

2. Suche zu dem ersten Namenwort **Wasser** ein zweites Namenwort. Du findest es auf den angegeben Seiten. Schreibe das zusammengesetzte Wort mit Begleiter auf.

erstes Wort	zweites Wort	zusammengesetztes Namenwort mit Begleiter
Wasser	115 2 ______	______
Wasser	171 1 ______	______
Wasser	127 17 ______	______

3. Bilde zusammengesetzte Namenwörter. Unterstreiche das zweite Namenwort. Denke an den Begleiter.

Pflaumen, Zitronen, Nadel → Baum → Rinde, Schule, Krone

Dorf, Land, Spiel → Straßen → Bahn, Rand, Pflaster

Schnecken, Baum, Traum, Holz → Haus → Tür, Dach, Tier, Bau

Steuer, Holz, Wagen, Wasser → Rad → Spur, Speichen, Dampfer, Weg

Tunwort und Namenwort zusammensetzen

Merke

Zusammengesetzte Namenwörter können auch aus einem Tunwort und einem Namenwort bestehen.

Beispiel: Das Wort **Lesebuch** besteht aus dem Tunwort **lesen** und dem Namenwort **Buch**. Du findest das Wort **Lesebuch** unter dem **fett gedruckten** Wort **lesen**. Aber wie du weißt, stehen nicht alle zusammengesetzten Wörter im Wörterbuch. Dann musst du die Wörter, aus denen das Wort besteht, einzeln nachschlagen.

1. Suche auf den angegebenen Seiten im Wörterbuch das Tunwort und das Namenwort. Schreibe sie auf. Arbeite mit einem Partnerkind. Ein Kind sucht das Tunwort und das andere Kind das Namenwort.

2. Schreibe dann das zusammengesetzte Namenwort.

168 | 2	lenken	215 | 10	________
122 | 8	Drachen	135 | 7	________
	Lenkdrachen		________
115 | 15	________	115 | 16	________
168 | 15	________	144 | 20	________
	________		________
215 | 15	________	209 | 3	________
108 | 4	________	244 | 22	________
	________		________
179 | 10	________	144 | 14	________
139 | 4	________	113 | 14	________
	________		________

Wiewort und Namenwort zusammensetzen

Merke

Zusammengesetzte Namenwörter können auch aus einem Wiewort und einem Namenwort bestehen.

1. Suche das zusammengesetzte Wort. Es soll aus einem Wiewort und einem Namenwort bestehen. Schau im Wörterbuch auf den angegebenen Seiten nach.

edel 124

Edelstein

kühl 165

bunt 117

blau 114

2. Schreibe das erste zusammengesetzte Namenwort, das im Wörterbuch bei dem angegebenen Wiewort steht.

Seite	Wiewort	Namenwort	Seite	Wiewort	Namenwort
134	fest	Festland	146	groß	
114	blind		151	hoch	
197	rot		198	rund	
200	sauer		197	roh	

3. Arbeite wie bei Aufgabe 2.

Seite	Wiewort	Namenwort	Seite	Wiewort	Namenwort
208	schwarz		137	froh	
214	spitz		220	stumm	
218	still		177	mürbe	
165	kurz		187	platt	

Namenwort und Wiewort zusammensetzen

Merke

Wiewort und Namenwort können so zusammengesetzt werden, dass das Wiewort an der zweiten Stelle steht. Dann wird das zusammengesetzte Wort ein Wiewort.
Beispiel: Zucker + süß = zuckersüß.
Zusammengesetzte Wiewörter werden kleingeschrieben.

1. Suche im Wörterbuch das zusammengesetzte Wiewort.
Du findest es bei dem Namenwort auf der angegebenen Seite.

206 Schnee

schneeweiß → Schnee + weiß

170 Luft

→ +

210 See

→ +

241 Wachs

→ +

164/165 Kugel

→ +

245 Wiesel

→ +

160 Knie

→ +

2. Schreibe auch die zusammengesetzten Wiewörter, die du unter folgenden Namenwörtern findest: Purpur, Kerze, Riese, Stahl, Turm, Start.

Neue Wiewörter entstehen

Merke

Nicht alle zusammengesetzten Wiewörter kannst du im Wörterbuch nachschlagen. Dann musst du das zusammengesetzte Wort auseinandernehmen und beide Wörter getrennt nachschlagen.
Beispiel: Der Ball flog **haarscharf** an seinem Kopf vorbei.

1. Suche das Wort **Haar**. Es steht auf Seite ___.
   Suche das Wort **scharf**. Es steht auf Seite ___.

2. Bilde zusammengesetzte Wiewörter. Schau im Wörterbuch nach und notiere die Seitenzahl für die beiden Wörter wie im Beispiel. Arbeite mit einem Partnerkind. Ein Kind sucht das Wiewort im Wörterbuch und das andere Kind sucht das Namenwort.

208 schwarz wie ein 
192 Rabe
rabenschwarz

___ grün wie 
___ ___________
____

___ fleißig wie die 
___ ___________
____

___ schnell wie ein 
___ ___________
____

___ klar wie ein 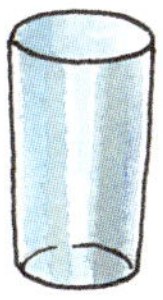
___ ___________
____

___ warm wie eine 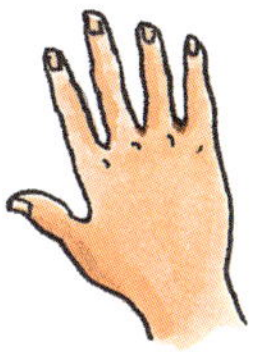
___ ___________
____

___ blau wie der 
___ ___________
____

___ leicht wie eine 
___ ___________
____

Wiewörter zusammensetzen

1. Zerlege das zusammengesetzte Wiewort in das Namenwort und das Wiewort. Schlage diese Wörter im Wörterbuch nach. Schreibe das Namenwort mit Begleiter, das Wiewort und die Seitenzahlen.
Ein Partnerkind sucht das Namenwort und das andere Kind sucht das Wiewort.

Seite	Namenwort	Seite	Wiewort	zusammengesetztes Wiewort
222	der Tau	137	frisch	taufrisch
205	der Schmerz			schmerzfrei
				taghell
				aalglatt
				kugelrund
				krebsrot
				bärenstark
				windelweich
				ofenfrisch

Merke

Das erste Wort in einem zusammengesetzten Wiewort kann auch ein Tunwort oder ein Wiewort sein.

2. Suche das erste Wort und das zweite Wort, aus denen das Wiewort zusammengesetzt ist, im Wörterbuch. Schreibe die Wörter und die Seitenzahl auf.
Arbeite wie bei Aufgabe 1 mit einem Partnerkind.

Seite	erstes Wort	Seite	zweites Wort	zusammengesetztes Wiewort
				fangfrisch
				bettelarm
				kleinkariert
				feuchtwarm
				schwebeleicht
				hauchzart

Verwandte Wörter mit a finden

Merke

Zu vielen Wörtern mit **ä** findest du
im Wörterbuch verwandte Wörter mit **a**.

1. Suche zu den Wörtern mit **ä** verwandte Wörter mit **a**.
Notiere auch die Seitenzahl.

der Gärtner	das Gänseblümchen	kämpferisch
139 der Garten		
glätten	der Händler	länglich
die Bäckerei	fälschen	das Päckchen
mächtig	die Wäsche	der Tänzer
der Fänger	der Rächer	sich schämen

2. Arbeite wie bei Aufgabe 1.

zänkisch	die Gräfin	das Gewächs
einfädeln	nächtlich	kräftig
der Europäer	wärmen	die Sättigung

3. Auch zu diesen Wörtern mit **ä** kannst du im Wörterbuch verwandte Wörter mit **a** finden: die Ärztin, die Härte, kläglich, das Längenmaß, der Sträfling, plätten, das Mäppchen, das Pärchen. Arbeite wie bei Aufgabe 1.

Verwandte Wörter mit au finden

Merke

Zu vielen Wörtern mit **äu** findest du
im Wörterbuch verwandte Wörter mit **au**.

1. Suche zu den Wörtern mit **äu** verwandte Wörter mit **au**.
Notiere auch die Seitenzahl.

sich bräunen	kräuseln	der Käufer
115 braun	___	___
sich häuten	gräulich	die Fäulnis
___	___	___
der Bräutigam	die Bäuerin	säuerlich
___	___	___
säubern	schäumen	säumen
___	___	___

2. Arbeite wie bei Aufgabe 1.

gläubig	anhäufen	der Läufer
___	___	___
die Räumung	der Häuptling	der Täufling
___	___	___
die Räusche	bläulich	die Kräuter
___	___	___

3. Auch zu diesen Wörtern mit **äu** kannst du im Wörterbuch verwandte Wörter mit **au** finden: die Bäuche, die Schläue, die Sträuße, gläubig, der Räuber, die Mäuse, der Säufer, träumen. Arbeite wie bei Aufgabe 1.

Merke

Verwandte Wörter bilden eine Wortfamilie. In einer Wortfamilie haben alle Wörter den gleichen Wortstamm.

Beispiel: Wortfamilie **Spiel**

das Spiel → Namenwort
spielen → Tunwort
spielerisch → Wiewort
das Spielfeld → zusammengesetztes Namenwort

1. Suche im Wörterbuch das angegebene Wort. Schreibe jeweils ein verwandtes Wort zu jeder Wortart. Unterstreiche den Wortstamm.

Namenwort		Tunwort	Wiewort	zusammengesetztes Namenwort
das Haar	147	haaren	haarig	Haarbürste
das Haus	148			
der Wind	245			
das Blut	114			
die Falte	132			
die Flucht	135			
der Blitz	114			
der Frost	137			
der Traum	225			
das Glück	144			

2. Schreibe auch zu diesen Wörtern verwandte Wörter. Arbeite wie bei Aufgabe 1.

das Leben	167	der Hunger	152	kaufen	157	kleben	159
essen	131	der Kopf	162	kühl	165	kurz	165

Lösungen

Hinweis: Direkt auf den Seiten des Arbeitshefts eingetragene Lösungen zur noch leichteren Selbstkontrolle finden sich unter: https://mbverlag.de/1401-32

Seite 3: Das Abc

S	C	H	N	E	E	W	I	T	T	C	H	E	N
19	3	8	14	5	5	23	9	20	20	3	8	5	14

Seite 4: Abc-Detektiv

1.

China	Geschichte	Löwe	Sieg	Watte
Diktat	Hochzeit	Netz	Tomate	Xylofon
Esel	Jupiter	Ohr	Unfall	Yeti
Frühling	Kapitän	Quelle	Verdeck	Zufall

2. AIMPR

3. PRIMA

Seite 5: Anfangsbuchstaben finden

1.

	Seite		Seite		Seite		Seite
Dach	119	Tag	221	Tulpe	227	Dame	119
Perle	185	Besen	111	Plastik	187	Bluse	114
Kröte	164	Grube	146	Klingel	160	Glas	144
Erbse	129	Ärmel	102	Äquator	101	Engel	128
Volk	239	Ferien	133	Flasche	135	Vater	233
Vase	233	Wespe	244	Würfel	247	Ventil	233
Cowboy	118	Kakao	156	Computer	118	Kalb	156

2. Ä: Ärmel, Äquator
B: Besen, Bluse
C: Cowboy, Computer
D: Dach, Dame
E: Erbse, Engel
F: Ferien, Flasche
G: Grube, Glas
K: Kröte, Klingel, Kakao, Kalb
P: Perle, Plastik
T: Tag, Tulpe
V: Volk, Vater, Vase, Ventil
W: Wespe, Würfel

Seite 6: Wörter nach dem Abc ordnen

1. LE: Leben, Lexikon
LI: Libelle, live
LO: loben, Lotto
LU: Luchs, Luxus

2. KE: Kebab, Keyboard
KI: kichern, Kiwi
KL: kläffen, Klumpen
KN: knabbern, knuspern
KO: k.o., Kotelett
KR: Krabbe, Kruzifix
KU: Kuchen, Kuvert

Seite 7: Der dritte Buchstabe im Wort

1. und 2.
SPE: Specht, Spezialist
SPI: spicken, spitzen
SPO: sponsern, spotten
SPR: Sprache, Sprung
SPU: spucken, Spurt
STE: Steak, Steward
STI: Stich, Stirn
STO: stochern, stottern
STR: Strafe, Struwwelpeter
STU: Stube, stutzen

Seite 8: Wörter nach dem Abc ordnen

1.

	Seite		Seite		Seite		Seite		Seite
der Bock	114	sich ducken	123	die Feder	133	gießen	144	die Gunst	146
der Boden		der Duft		die Fee		das Gift		gurgeln	
der Bogen		dulden		fegen		gigantisch		die Gurke	
die Bohne		dumm		fehlen		der Gipfel		der Gurt	

	Seite		Seite
der Herzog	150	das Kino	158
Hessen		der Kiosk	
hetzen		kippen	
das Heu		die Kirche	

2. der Lemming, lenken, der Leopard, die Lerche
das Nikotin, der Nil, das Nilpferd, nippen, nirgends
die Jalousie, der Jammer, der Januar, Japan, der Jaspis

Seite 9: Der vierte Buchstabe im Wort

1.

	Seite		Seite		Seite		Seite
beichten	109	wandern	242	der Samen	199	die Tasche	222
beide		die Wange		sammeln		die Tasse	
beieinander		wanken		der Samstag		die Taste	
der Beifahrer		wann		der Samt		tasten	

2. und 3.
SCHE: der Scheck, scheußlich
SCHI: die Schicht, der Schirm
SCHL: die Schlacht, der Schlüssel
SCHO: der Schock, der Schotter
SCHU: der Schub, der Schutt

Seite 10: Wörter selbst ordnen

1. prickeln, der Priester, prima, der Prinz – Seite 189
der Reigen, die Reihe, der Reim, die Reise – Seite 195
die Seide, die Seife, das Seil, sein – Seite 210
die Staffel, der Stahl, der Stall, der Stamm – Seite 216
die Taube, tauchen, tauen, die Taufe – Seite 222
der Trubel, trügen, die Truhe, die Trümmer – Seite 227
zurecht, zürnen, der Zuruf, zurzeit – Seite 252

2. der Held, helfen, Helga, hell, der Helm
hinken, hinlegen, hinnehmen, hinsetzen, hinten
heucheln, der Heuhaufen, heulen, die Heuschrecke, heute

Seite 11: Bild und Wort

1. und 2. Schildkröte, Schirm, Schlange, Schmetterling, Schnorchel, Schraube, Schwan, Schwein

3. feiern: die Feier, feierlich, der Feierabend, der Feiertag
das Klima: klimatisch, klimatisiert, die Klimaanlage, der Klimawandel
schwer: die Schwere, schwerelos, die Schwerkraft, schwerfällig

Seite 12: Wörter alphabetisch einordnen

1. Brösel – Brot – Bruch
Brücke – Bruder – Brühe
Buch – Buche – Buchstabe
Bude – Büffel – Bügel

Laib – Laich – Laie
Lama – Lametta – Lamm
Lampe – Lampion – Land
Lappen – Laptop – Lärche

Mais – Majestät – Makel
Mandarine – Mandel – Manege
Markt – Marmelade – Marmor
Marone – Mars – Marsch

Operette – Opfer – Optik
Orang-Utan – Orchester – Orchidee
Organisation – Orgel – Orient
Oslo – Osten – Ostern

2. Paket – Palast – Palme
Papa – Papagei – Papier
Partner – Party – Pass
Pater – Patient – Patrone

Terrine – Terror – Test
Tisch – Tischler – Titel
Tochter – Tod – Tofu
Tollwut – Tölpel – Tomate

Seite 13: Personalformen

1. liegen
Sie liegt im Liegestuhl.

schreiben
Sie schreibt ins Heft.

brennen
Die Kerze brennt hell.

weinen
Das Kind weint laut.

gehen
Sie geht mit der Gehhilfe.

2. ich renne – wir rennen
du rennst – ihr rennt
er/sie/es rennt – sie rennen

3. ich spiele – wir spielen
du spielst – ihr spielt
er/sie/es spielt – sie spielen

ich liege – wir liegen
du liegst – ihr liegt
er/sie/es liegt – sie liegen

ich schreibe – wir schreiben
du schreibst – ihr schreibt
er/sie/es schreibt – sie schreiben

ich brenne – wir brennen
du brennst – ihr brennt
er/sie/es brennt – sie brennen

ich weine – wir weinen
du weinst – ihr weint
er/sie/es weint – sie weinen

ich gehe – wir gehen
du gehst – ihr geht
er/sie/es geht – sie gehen

Seite 14: Schwierige Personalformen

1. fahren, du fährst, er fährt – Seite 132
rufen, du rufst, er ruft – Seite 197
geben, du gibst, er gibt – Seite 139
raten, du rätst, er rät – Seite 193
reiten, du reitest, er reitet – Seite 195
treten, du trittst, er tritt – Seite 226
laufen, du läufst, er läuft – Seite 167
sprechen, du sprichst, er spricht – Seite 215
werfen, du wirfst, er wirft – Seite 244
braten, du brätst, er brät – Seite 115
helfen, du hilfst, er hilft – Seite 149

2. ich bin – wir sind
du bist – ihr seid
er/sie/es ist – sie sind

3. ich habe – wir haben
du hast – ihr habt
er/sie/es hat – sie haben

ich werde – wir werden
du wirst – ihr werdet
er/sie/es wird – sie werden

Seite 15: Tunwörter zeigen die Zeit an

1. bringen – bringt – brachte – hat gebracht
brennen – brennt – brannte – hat gebrannt
sprechen – spricht – sprach – hat gesprochen
trinken – trinkt – trank – hat getrunken
lesen – liest – las – hat gelesen
laufen – läuft – lief – ist gelaufen
hängen – hängt – hing – hat gehangen
treten – tritt – trat – hat getreten

2. essen – isst – aß – gegessen
werfen – wirft – warf – geworfen
springen – springt – sprang – gesprungen
helfen – hilft – half – geholfen

Seite 16: Tunwörter in verschiedenen Zeitformen

1.

	Seite			
weinen	243	er weint	er weinte	er hat geweint
winken	245	er winkt	er winkte	er hat gewinkt
sagen	199	sie sagt	sie sagte	sie hat gesagt
sparen	213	sie spart	sie sparte	sie hat gespart
glauben	144	er glaubt	er glaubte	er hat geglaubt

2.

	Seite			
geben	139	er gibt	er gab	er hat gegeben
laufen	167	er läuft	er lief	er ist gelaufen
essen	131	er isst	er aß	er hat gegessen
sitzen	212	er sitzt	er saß	er hat gesessen
singen	211	er singt	er sang	er hat gesungen

Seite 17: Wiewörter und ihre Vergleichsformen

1. Die Bäume sind unterschiedlich hoch. (Seite 151)
Die Birke ist hoch.
Die Kastanie ist höher.
Die Kiefer ist am höchsten.

Die Baumstämme sind unterschiedlich dick. (Seite 121)
Der Baumstamm der Birke ist dick.
Der Baumstamm der Kiefer ist dicker.
Der Baumstamm der Kastanie ist am dicksten.

2.

	Seite		
klein	159	kleiner	am kleinsten
lang	166	länger	am längsten
kurz	165	kürzer	am kürzesten
dick	121	dicker	am dicksten

Seite 18: Namenwörter zusammensetzen

1. Milch, Honig, Bier, Senf, Tee, Wein, Wasser

2. Milchglas, Honigglas, Bierglas, Senfglas, Teeglas, Weinglas, Wasserglas

3. Backenzahn, Birnbaum, Drachenflieger, Fladenbrot, Geisterbahn, Hemdkragen, Kachelofen

Seite 19: Namenwörter zusammensetzen

1. Glockenblume
Schlüsselblume

2. Vogelstimme, Kinderstimme   Farbdose, Fischdose   Babybrei, Kartoffelbrei

Seite 20: Zwei Namenwörter zusammensetzen

1. Holzhaus
Gartenhaus
Baumhaus
Vogelhaus
Pfahlhaus

2. Fuß + Ball → Fußball, Fuß + Boden → Fußboden, Fuß + Gänger → Fußgänger,
Fuß + Gängerin → Fußgängerin
Bahn + Hof → Bahnhof, Bahn + Schranke → Bahnschranke, Bahn + Steig → Bahnsteig
Schuh + Karton → Schuhkarton, Schuh + Macher → Schuhmacher,
Schuh + Macherin → Schuhmacherin, Schuh + Sohle → Schuhsohle
Blume + Beet → Blumenbeet, Blume + Kohl → Blumenkohl,
Blume + Strauß → Blumenstrauß, Blume + Vase → Blumenvase
Baum + Haus → Baumhaus, Baum + Krone → Baumkrone, Baum + Stumpf → Baumstumpf
Land + Karte → Landkarte, Land + Tag → Landtag

Seite 21: Zwei Namenwörter zusammensetzen

1. Brunnen + Wasser → das Brunnenwasser
Fluss + Wasser → das Flusswasser
Salz + Wasser → das Salzwasser

2. Wasser + Boiler → der Wasserboiler
Wasser + Mann → der Wassermann
Wasser + Eis → das Wassereis

3.

der Pflaumenbaum	die Dorfstraßen	das Schneckenhaus	das Steuerrad	die Radspur
der Zitronenbaum	die Landstraßen	das Baumhaus	das Holzrad	die Radspeichen
der Nadelbaum	die Spielstraßen	das Traumhaus	das Wagenrad	der Raddampfer
die Baumrinde	die Straßenbahn	das Holzhaus	das Wasserrad	der Radweg
die Baumschule	der Straßenrand	die Haustür		
die Baumkrone	das Straßenpflaster	das Hausdach		
		das Haustier		
		der Hausbau		

Seite 22: Tunwort und Namenwort zusammensetzen

1. und 2.

sprühen	bremsen	brennen	spülen	schwimmen	nähen	glühen
Flasche	Licht	Glas	Becken	Weste	Garn	Birne
Sprühflasche	Bremslicht	Brennglas	Spülbecken	Schwimmweste	Nähgarn	Glühbirne